1912 Novembre 4

VENTE

Du 4 Novembre 1912

HOTEL DROUOT, SALLE N° 1

A DEUX HEURES

BEAUX MEUBLES

OBJETS D'ART

BRONZES

TAPIS, TENTURES

Me H. BRICOUT

COMMISSAIRE-PRISEUR

8, rue Sainte-Cécile

CATALOGUE

DE

Beaux Meubles

STYLE LOUIS XV ET LOUIS XVI

En noyer ciré, acajou moucheté, bois doré, pour Salle à manger
Chambres à coucher

SALON AUBUSSON

PIANO DE KRIEGELSTEIN

BIBLIOTHÈQUE — VITRINES

Bronzes, Appareils d'éclairage électrique

Marbres, Garnitures cheminée

TABLEAUX, GRAVURES

OBJETS D'ÉTAGÈRE

ARGENTERIE — PLAQUÉ

TAPIS, TENTURES

DONT LA VENTE AUX ENCHÈRES PUBLIQUES AURA LIEU

HOTEL DROUOT, SALLE N° 1

LE LUNDI 4 NOVEMBRE 1912

à deux heures

PAR LE MINISTÈRE DE

Me H. BRICOUT, COMMISSAIRE-PRISEUR
8, rue Sainte-Cécile

EXPOSITION PUBLIQUE

Le Dimanche 3 Novembre 1912, de 2 h. à 6 heures

CONDITIONS DE LA VENTE

Elle sera faite au comptant.

Les adjudicataires paieront *dix pour cent* en sus des enchères.

L'exposition mettant le public à même de se rendre compte de l'état et de la nature des objets, aucune réclamation ne sera admise une fois l'adjudication prononcée.

Paris. — Imp de l'Art, Ch. Berger, 41, rue de la Victoire.

DÉSIGNATION

MEUBLES

1 — Chambre à coucher en noyer ciré, de style Louis XVI, comprenant : une grande armoire à trois portes, dont les deux de côté à panneaux pleins finement sculptés, et à glaces intérieures, un grand lit de milieu de même style, avec sommier, une table de nuit.

2 — Literie comprenant : un matelas, trois pièces plume, une couverture, édredon américain, deux chaises, style Louis XVI, en noyer ciré, avec coussins plats en damas vieux rose.

3 — Table-coiffeuse en bois laqué blanc, avec chutes guirlandes de roses en bois sculpté.

4 — Ameublement de salon, de style Louis XVI, en bois sculpté et doré au fin, comprenant : un canapé et quatre fauteuils recouverts en velours de Gênes.

5 — Bergère, de style Louis XVI, en bois sculpté et doré, recouverte de satin broché à fleurs et bouquets.

6 — Banquette de piano en bois doré, foncée de canne.

7 — Petit-meuble-desserte en bois sculpté et doré, à étagère foncée de canne ; dessus marbre brèche des Pyrénées.

8 — Vitrine, de style Louis XVI, en bois sculpté et doré, panneaux et tablettes en glace.

9 — Petit écran, à tablettes tournantes à glace, en bois sculpté et doré.

10 — Sellette en bois laqué.

11 — Ameublement de salle à manger, de style Louis XVI, en acajou moucheté orné de bronzes et comprenant : un grand buffet-dressoir à deux portes au centre, étagères et tiroirs sur les côtés, dessus et fronton incrustés de marbre brèche violette, une table ovale avec cinq rallonges, six chaises, sièges et dossiers foncés de canne, desserte assortie.

12 — Petite table en noyer ciré, dessus de marbre.

13 — Fauteuil Louis XIV en noyer ciré, foncé de canne.

14 — Guéridon laqué, de forme ronde.

15 — Armoire, de style Louis XVI, en noyer ciré d'Auvergne, et à panneaux pleins finement sculptés.

16 — Toilette-lavabo, soubassement en noyer ciré, à deux portes, dessus de marbre surmonté de glace biseautée.

17 — Canapé et deux chaises en bois laqué blanc, sièges et dossiers foncés de canne, dessus coussin plat vieux rose.

18 — Porte-chapeaux en bois laqué blanc, avec glace biseautée au centre, et jardinière foncée de canne.

19 — Banquette laquée.

20 — Porte-cannes cylindrique.

21 — Vitrine de salon Louis XV galbée en marqueterie de bois de rose, rehaussée de bronzes, intérieur et tablettes glaces.

22 — Salle à manger Renaissance, comprenant : un buffet en noyer ciré à niches, une pannetière, six chaises, une table à trois rallonges.

23 — Meuble de salon, composé d'un canapé, deux fauteuils, deux chaises en damas ancien.

24 — Vitrine anglaise en citronnier.

25 — Table en deux parties formant table à jeu et table de salon. Style anglais.

26 — Vitrine, style anglais, en bois de citronnier.

27 — Tabouret doré, recouvert de soierie ancienne.

28 — Petit bureau de dame en acajou et cuivre.

29 — Table à deux étagères. — Table ancienne.

30 — Canapé oriental.

31 — Paravents avec tapisserie. — Paravent laqué blanc.

32 — Table à thé, table en bois de fer.

33 — Vitrine Louis XVI.

34 -- Bureau ministre en noyer ciré.

35 — Bureau américain Standard.

36 — Meuble salon en bois doré, de style Louis XV, recouvert en tapisserie d'Aubusson et comprenant un canapé et quatre fauteuils.

37 — Vitrine galbée. Style Louis XVI.

38 — Piano, de *Kriegelstein.*

39 — Bibliothèque en acajou ciré marqueté, à trois portes grillagées.

40 — Chambre à coucher en acajou ciré orné de bronzes et comprenant : une armoire à glace, porte à glace au centre et fausses-portes à glaces sur les côtés, lit et son sommicr, table de nuit.

41 — Belle vitrine en noyer ciré, à colonnettes sculptées, panneaux, décors de dauphins. Style Louis XV.

BRONZES, MARBRES

APPAREILS D'ÉCLAIRAGE

42 — Pendule, style Louis XVI : Enfant ailé, en marbre blanc et bronze doré.

43 — Paire de cassolettes, style Louis XVI, en jaspe rouge, monture en bronze doré.

44 — Trois petits bronzes : animaux, par Barye, Frémiet, Mène.

45 — Groupe en bronze, d'après Clodion.

46 — L'Agriculture, bronze d'art.

47 — Le Forgeron, bronze d'art, par Joliveau.

48 — La Paix universelle, bronze d'art.

49 — Buste de femme, bronze d'art.

50 — Lustre, de style Louis XVI, en bronze doré, en forme de corbeille fleurie, à trois lumières équipées à l'électricité.

51 — Lustre, de style Louis XVI, en bronze doré, à trois lumières équipées à l'électricité.

52 — Lustre hollandais en bronze.

53 — Appareil de salle à manger en bronze poli, style Renaissance, à six allumages électriques sur les côtés et deux dans la coupe centrale.

54 — Bronze : Chien et faisan, par Delabrierre.

55 — Bronze : Lion, par Delabrierre.

56 — Groupe : Deux chiens à l'attache, par Delabrierre.

57 — Deux bronzes : Danseuses, d'après Clodion.

58 — Deux bronzes : Hiver et Automne, par Carrier-Belleuse.

59 — Statuette en marbre : Baigneuse, d'après Falconnet.

60 — Lampe de chevet en porcelaine décorée et bronze, allumage à l'électricité.

61 — Lanterne d'antichambre.

62 — Plafonnier, appliques diverses.

63 — Flambeaux et lampes électriques.

64 — Pendule-cage, à glaces, bronze et onyx vert d'eau, avec candélabres assortis.

65 — Pendule-cage, avec glaces, en marbre et bronze, deux cassolettes assorties.

66 — Cartel en bronze. Style Louis XVI.

67 — Garniture de cheminée en bronze : L'Enfant et la Mouche ; deux candélabres équipés à l'électricité.

OBJETS D'ÉTAGÈRE

PORCELAINES, BISCUITS

68 — Quatre vases et porte-bouquets en porcelaine blanche, décors à guirlande de roses.

69 — Deux jardinières en porcelaine décorée.

70 — Groupe en biscuit, statuettes, coupes, netskés.

71 — Bonbonnières. (Seront divisées.)

72 — Petit groupe en Saxe : l'Oiseau envolé.

73 — Petit cartel en bois sculpté.

74 — Coupe en cristal.

75 — Quatre éventails en vernis Martin et autres, trois miniatures ou gouaches, six boîtes diverses en écaille, ivoire, nacre.

76 — Coffret à bijoux en nacre, paire de vases de Sèvres, monture en bronze.

77 — Jardinière en Saxe, théière en Saxe.

78 — Service à thé en faïence.

79 — Service à thé.

80 — Grand vase à couvercle en porcelaine décorée, fond rouge.

TABLEAUX

PASTELS, LITHOGRAPHIES

81 — Portraits divers, d'après BOUCHER, VIGÉE-LEBRUN, etc. ; cadres dorés.

82 — Pastels et lithographies, d'après GREUZE, DE LAUNAY, FRAGONARD, etc.

82 *bis* — La Prudence en défaut ; la Famille en goguette ; la Ruse d'amour ; le Mari dupé et content ; suite de quatre gravures.

83 — Histoire d'Esther, suite de six gravures.

84 — Gravure anglaise : A visit to the child at nurse.

85 — Grand panneau en bois sculpté, orné de trois médaillons, miniature et de quatre petits.

ARGENTERIE, MÉTAL

86 — Glace en argent. Style Louis XV.

87 — Quatre flacons en cristal, monture en argent.

88 — Deux coupes à gâteaux, une jatte, monture en argent.

89 — Jardinière en argent. Style Louis XVI.

90 — Six salières Cérébos, bouchons en vermeil.

91 — Poudreuse en vermeil.

92 — Deux plats en argent.

93 — Lot de pièces en argent : flacons à liqueurs, verres, manches de cannes. (Sera divisé.)

94 — Plateau à fond de glace et jardinière en métal.

95 — Plateau en bois, garniture en métal, deux carafons.

96 — Deux jardinières en bronze et étain.

97 — Grand vase en bronze, un plat italien.

TENTURES ET TAPIS

98 — Décor de lit et fenêtre en Damas vieux rose.

99 — Décor de fenêtre en satin vert d'eau.

100 — Portières et stores ; rideaux liberty.

101 — Décor de lit et de fenêtre en soie jaune.

102 — Tapis d'Aubusson.

103 — Lot de tapis de Smyrne, Choumne. (Sera divisé.)

104 — Tapis de prière Orient, fond rouge.

105 — Quatre tapis de prière formant paires.

106 — Carpettes d'Orient.

107 — Tapis moquette, fonds rouge et crème.

108 — Dessus de piano en soierie ancienne.

109 — Couverture chinoise.

BRODERIES, DENTELLES

110 — Jaquette, robe, manteau en soierie ancienne.

111 — Lot de dentelles noires et blanches, dessus de lit en filet, bandeaux filet. (Sera divisé.)

112 — Objets omis.

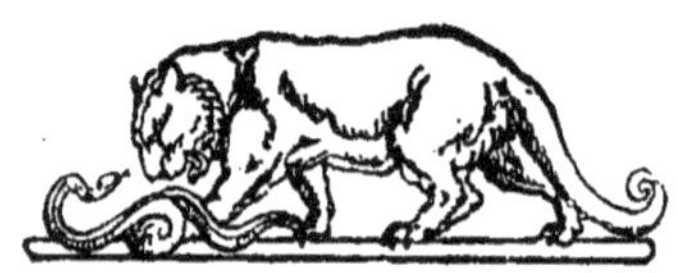

www.ingramcontent.com/pod-product-compliance
Lightning Source LLC
LaVergne TN
LVHW020503230826
846091LV00008BA/3326

* 9 7 8 2 3 2 9 5 0 2 7 0 0 *